A. Abeille.	B. Ballons.
C. Colombe.	D. Dieu.
E. Eglantine.	F. Fourbisseur.

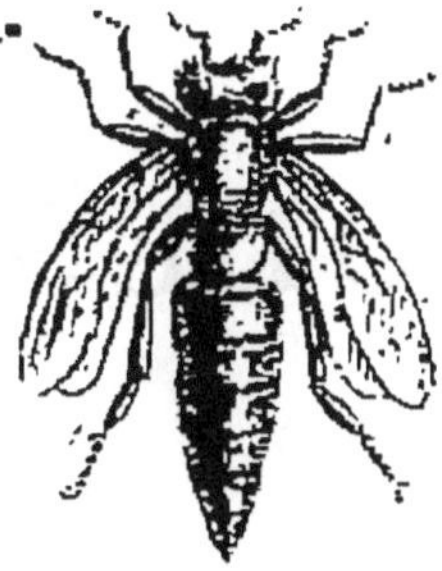

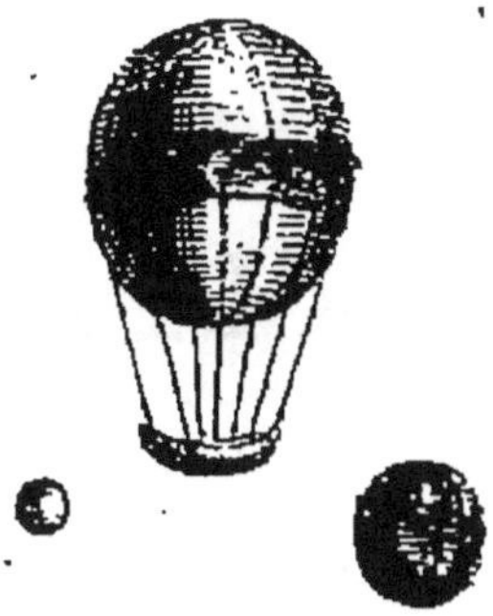

ALPHABET

DES

PETITES ÉCOLES;

OU

TABLEAU

Instructif et amusant des principales connaissances mises à la portée des Enfans.

PARIS.

A LA LIBRAIRIE D'ÉDUCATION
D'ALEXIS EYMERY, rue Mazarine, n. 30.
1815.

(1477)

Je déclare contrefait tout exemplaire qui ne portera pas ma signature.

DE L'IMPRIMERIE DE J.-B. IMBERT,
RUE DE LA VIEILLE-MONNAIE.

Lettres romaines.	Lettres italiques.
A a	*A a*
B b	*B b*
C c	*C c*
D d	*D d*

(4)

E e	*E e*
F f	*F f*
G g	*G g*
H h	*H h*

(5)

I i J j	*I i J j*
K k	*K k*
L l	*L l*
M m	*M m*

N n	*N n*
O o	*O o*
P p	*P p*
Q q	*Q q*

R r	*R r*
S s	*S s*
T t	*T t*
U u	*U u*

(8)

V v	*V v*
X x	*X x*
Y y	*Y y*
Z z	*Z z*

LETTRES MAJUSCULES D'ÉCRITURE.

A B C D

E F G H

I K L M

N N O P

Q R S T

U V X Y

Z

LETTRES MINUSCULES D'ÉCRITURE.

Coulée.

*a b c d e f g h
i j k l m n o p q
r s t u v x y z*

Ronde.

a b c d e f g h
i j k l m n o p q
r s t u v x y z

SYLLABAIRE.

Première Leçon.

ba	be	bi	bo	bu
ca	ce	ci	co	cu
da	de	di	do	du
fa	fe	fi	fo	fu
ga	ge	gi	go	gu
ha	he	hi	ho	hu
ja	je	ji	jo	ju
ka	ke	ki	ko	ku
la	le	li	lo	lu

ma	me	mi	mo	mu
na	ne	ni	no	nu
pa	pe	pi	po	pu
qua	que	qui	quo	qu
ra	re	ri	ro	ru
sa	se	si	so	su
ta	te	ti	to	tu
va	ve	vi	vo	vu
xa	xe	xi	xo	xu
za	ze	zi	zo	zu

Seconde Leçon.

Dieu—loi—roi—tout—vous—nous—moi—mon—pas—poingt—bois—fer—or—pain—vin—sel—bien—nuit—jour—ciel—camp—louis—bon—mal—sec—mon—sac—pot—mieux—œil—sœur.

Pè re—mè re—en fant—sa ge—bon bon—mé chant—ge nou—mou ton—dou ceur—ma tin—bon jour—sou per—pri er—bon soir—de main—tou jours.

Troisième Leçon.

Sa ges se—ca res se—tur bu lant—cor ri ger—pro pre té—lou an ge—lec tu re—i ma ge—im pru dent—brû lu re—en tê té—si len ce—cu ri eux—im po li—dé jeu ner—a bri cot.

Gour man di se—pu ni ti on—do ci li té—ai ma ble—ra quet te—ré cré a ti on—pro me na de—hon nê te té—sa ga ci té—rai son ne ment—ex tra va gan ce—ré pri man de—tem pé ra ment—so bri é té—di vi ni té—sur veil lan ce.

Quatrième Leçon.

On doit ai-mer et res-pec-ter son pè-re. — La vraie beau-té c'est la sa-ges-se. — Quand on a bien lu on s'a-mu-se; pour s'a-mu-ser il faut bien li-re. — L'en-fant pa-res-seux n'ap-prend rien; un i-gno-rant ne trou-ve au-cun em-ploi, et ce-lui qui n'est u-ti-le à per-son-ne de-vient à char-ge à tout le mon-de.

Dieu en cré-ant l'hom-me lui a don-né tous les moy-ens de se ren-dre heu-reux; mais il a vou-lu qu'il tra-vail-lât pour en pro-fi-ter. — La ter-re pro-duit le blé; mais pour l'ob-te-nir il faut la-bou-rer et se-mer. — La ter-re pro-duit le chan-vre : l'hom-me en fait de la toi-le. — Le mou-ton four-nit la lai-ne : l'hom-me la fi-le pour en fai-re du drap.

Cinquième Leçon.

La Gé-o-gra-phie est la des-crip-tion de la ter-re. — La ter-re est ron-de ; el-le tour-ne au-tour du so-leil. — La ter-re se di-vi-se en qua-tre par-ties, qui sont : l'A-sie, l'Eu-ro-pe, l'A-fri-que et l'A-mé-ri-que. — Les trois pre-mi-è-res for-ment l'an-cien con-ti-nent ; on le nom-me an-cien par-ce qu'il a é-té con-nu de tout temps. — L'A-mé-ri-que for-me seu-le le nou-veau con-ti-nent ; on le nom-me nou-veau par-ce qu'il n'est con-nu que de-puis quel-ques siè-cles. — Un con-ti-nent ou ter-re fer-me est u-ne gran-de por-tion de ter-re ren-fer-mant plu-sieurs pays qui ne sont point sé-pa-rés par la mer. — U-ne î-le est u-ne por-tion de ter-re en-tou-rée d'eau de tous cô-tés.

Des Voyelles.

On en compte cinq, qui sont : *a*, *e*, *i*, *o*, *u*. On les nomme *voyelles* parce que chacune d'elles forme seule une voix, un son.

L'*y* (I grec) est considéré comme une voyelle, parce qu'on l'emploie ordinairement pour deux *i* ; par exemple, *moyen*, *moi-ien*; *pays*, *pai-is*.

Des Consonnes.

Il y a dix-huit consonnes, savoir : *b*, *c*, *d*, *f*, *g*, *h*, *j*, *k*, *l*, *m*, *n*, *p*, *q*, *r*, *s*, *t*, *v*, *x*, *z*. On les nomme *consonnes* parce que chacune d'elles ne peut former un *son* qu'avec le secours d'une voyelle, comme *ba*, *be*, *bi*, *bo*, *bu*.

L'*h* est *muette* dans certains mots; l'*honneur*, l'*histoire* se prononcent comme si l'on écrivait l'*onneur*, l'*istoire*. Dans d'autres elle est aspirée ; on la prononce alors du gosier; on dit *la haine* et non pas l'*haine*; le *héros*, et non pas l'*héros*.

Des Accens.

L'accent (´) *aigu* se prononce en rapprochant un peu les lèvres, ce qui fait qu'on nomme *fermé* l'*é* sur lequel on le place, comme dans *bonté*, *fermeté*.

L'accent (`) *grave* forme l'*e ouvert*, c'est-à-dire qu'il faut ouvrir la bouche pour le prononcer, comme dans *succès*, *procès*.

L'accent (ˆ) *circonflexe* se met sur les voyelles *longues*; ce sont celles qui demandent qu'on appuie en les prononçant, comme dans *blâme*, *tête*, *maître*, *apôtre*, *flûte*. Les voyelles sur lesquelles on n'appuie pas se nomment *brèves*.

L'accent (¨) *tréma* indique que la voyelle sur laquelle il est placé doit être prononcée séparément de celle qui précède; par exemple, *na-ïf*, *ha-ïr*, et non pas *naif*, *hair*.

Signes de la Ponctuation.

La *virgule* (,) exige un petit repos;

Le *point-virgule* (;) un repos un peu plus long;

Le *deux-points* (:) une suspension encore plus prolongée;

Le *point* (.) demande une pause marquée.

Le *point d'interrogation* (?) indique une question.

Le *point d'exclamation* (!) exprime l'étonnement, l'admiration ou la crainte.

La phrase suivante donnera une idée de l'exemple des signes de la ponctuation.

Enfans, soyez sages ; on vous aimera bien : les méchans ne plaisent à personne. Pourquoi ne pas obéir? Il est si doux d'être aimé!

Les *parenthèses* ( ) indiquent que ce qu'elles renferment peut se détacher du discours sans l'interrompre.

Les *guillemets* (») accompagnent les phrases remarquables ou empruntées d'un autre livre.

Le *trait d'union* (-) se place entre deux mots qui réunis n'en forment qu'un ; par exemple, *à-compte*, *porte-crayon*.

L'*apostrophe* (') tient lieu d'une voyelle lorsqu'il s'en rencontre deux qui ne pourraient se prononcer que d'une manière désagréable ; on dit *l'enfant*, *l'amitié*, parce qu'il serait trop dur de dire *le enfant*, *la amitié*.

La *cédille* (,) se place sous la lettre *c* pour lui donner le son de l'*s*, comme dans *français*, *leçon*.

PRIÈRES.

L'ORAISON DOMINICALE.

Notre Père qui êtes aux cieux, que votre nom soit sanctifié; que votre règne nous arrive; que votre volonté soit faite en la terre comme au ciel : donnez-nous aujourd'hui notre pain quotidien, et nous pardonnez nos offenses, comme nous pardonnons à ceux qui nous ont offensés; et ne nous induisez point en tentation; mais délivrez-nous du mal. Ainsi soit-il.

LA SALUTATION ANGÉLIQUE.

Je vous salue, Marie, pleine de grâce; le seigneur est avec vous; vous êtes bénie entre toutes les femmes; et Jésus, le fruit de votre ventre, est béni.

Sainte Marie, mère de Dieu, priez pour nous, pauvres pécheurs, maintenant et à l'heure de notre mort. Ainsi soit-il.

Chiffres

Arabes — Romains — en toutes lettres.

Arabes	Romains	en toutes lettres
1	I	un.
2	II	deux.
3	III	trois.
4	IV	quatre.
5	V	cinq.
6	VI	six.
7	VII	sept.
8	VIII	huit.
9	IX	neuf.
10	X	dix.
20	XX	vingt.
30	XXX	trente.
40	XL	quarante.
50	L	cinquante.
100	C	cent.
500	D	cinq cents.
1000	M	mille.

PETITE TABLE

DE MULTIPLICATION.

1 fois 2 font 4
2 — 3 — 6
2 — 4 — 8
2 — 5 — 10
2 — 6 — 12
2 — 7 — 14
2 — 8 — 16
2 — 9 — 18
2 — 10 — 20
2 — 11 — 22
2 — 12 — 24
3 — 3 — 9
4 — 4 — 16
5 — 5 — 25
6 — 6 — 36
7 — 7 — 49
8 — 8 — 64
9 — 9 — 81
10 — 10 — 100

LECTURES.

A   LES ABEILLES.

L'*ABEILLE* nous donne l'exemple du travail. Une ruche d'abeilles est comme une grande famille dont chaque membre travaille au bien de tous. La mère-abeille se nomme la *reine*; toutes les autres la respectent et lui obéissent. Les unes vont dans les prairies, sucent les fleurs avec leur petite trompe, et ramassent avec leurs pattes la poussière qui couvre les feuilles; elles apportent le tout à la ruche: d'autres abeilles s'en emparent, le pétrissent, et nous donnent par leur travail la *cire* et le *miel*.

B   LES BALLONS.

Le jeu du *Ballon* ou de la *Balle* vous est connu. Il est favorable à la santé par l'exercice qu'il donne; mais il ne faut s'y livrer qu'avec modération ; plusieurs enfans sont morts d'une fluxion de poitrine pour s'y être trop échauffés.

Le *Ballon* que vous voyez s'élever dans les nuages est intérieurement rempli d'air, comme une vessie dans laquelle vous soufflez pour la grossir. C'est dans la nacelle qui est dessous que se place le voyageur, que l'on nomme *aéronaute*, parce qu'il voyage dans les airs.

C   LA COLOMBE.

La *Colombe* est remarquable par son attachement pour ses petits et par la douceur de son caractère ; on en a vu mourir de chagrin après avoir perdu leurs tourtereaux. Vous voyez combien on rend généralement justice aux bonnes qualités, puisqu'on ne dédaigne pas de nous offrir pour modèles de simples oiseaux. En effet, est-il rien de plus beau dans un enfant que la douceur et la bonté, l'amour et le respect pour ses parens, l'union et l'amitié envers ses frères et sœurs !

D   DIEU.

Dieu nous a créés ; il nous a donné une âme qui nous place au-dessus de tous les autres animaux. Nous devons à Dieu une reconnaissance éternelle ; et cette reconnaissance nous devons la manifester dans la pratique de tous les actes de la religion. Un enfant du Seigneur ne doit avoir d'autre but que de se rendre digne de son Créateur ; ainsi, la religion doit être sa première et sa principale étude.

E   L'ÉGLANTINE.

Tous les ans à Toulouse on décerne une *Églantine d'or* à celui qui prononce le plus beau discours : c'est une récompense pour l'auteur, et un motif d'émulation pour la jeunesse. Justin vient en attendant de remporter un prix à l'école. Chacun dit en le voyant : « Voilà un enfant qui a bien étudié ; » un jour aussi il sera savant. »

F LE FOURBISSEUR.

Le *Fourbisseur* fabrique des sabres, des pistolets, des fusils. Les enfans ne doivent jamais toucher à ces objets. Vous allez voir comment le petit Hippolyte a été puni de son imprudence. Son père l'emmena avec lui chez le fourbisseur pour reprendre l'épée qu'il avait donnée à raccommoder. Le petit curieux pose sa main sur un sabre que tenait l'ouvrier; celui-ci le retire, et coupe sans le vouloir deux doigts à Hippolyte, qui restera estropié toute sa vie.

G LE GARDEFEU.

Un *Gardefeu* est une petite barrière en fer ou en cuivre que l'on place devant la cheminée pour éviter qu'une bûche en roulant n'apporte du feu dans la chambre ; c'est encore pour empêcher que les enfans ne tombent dans le foyer. On avait défendu au petit Baptiste de jouer dans la chambre de sa mère du côté de la cheminée. L'enfant dé-

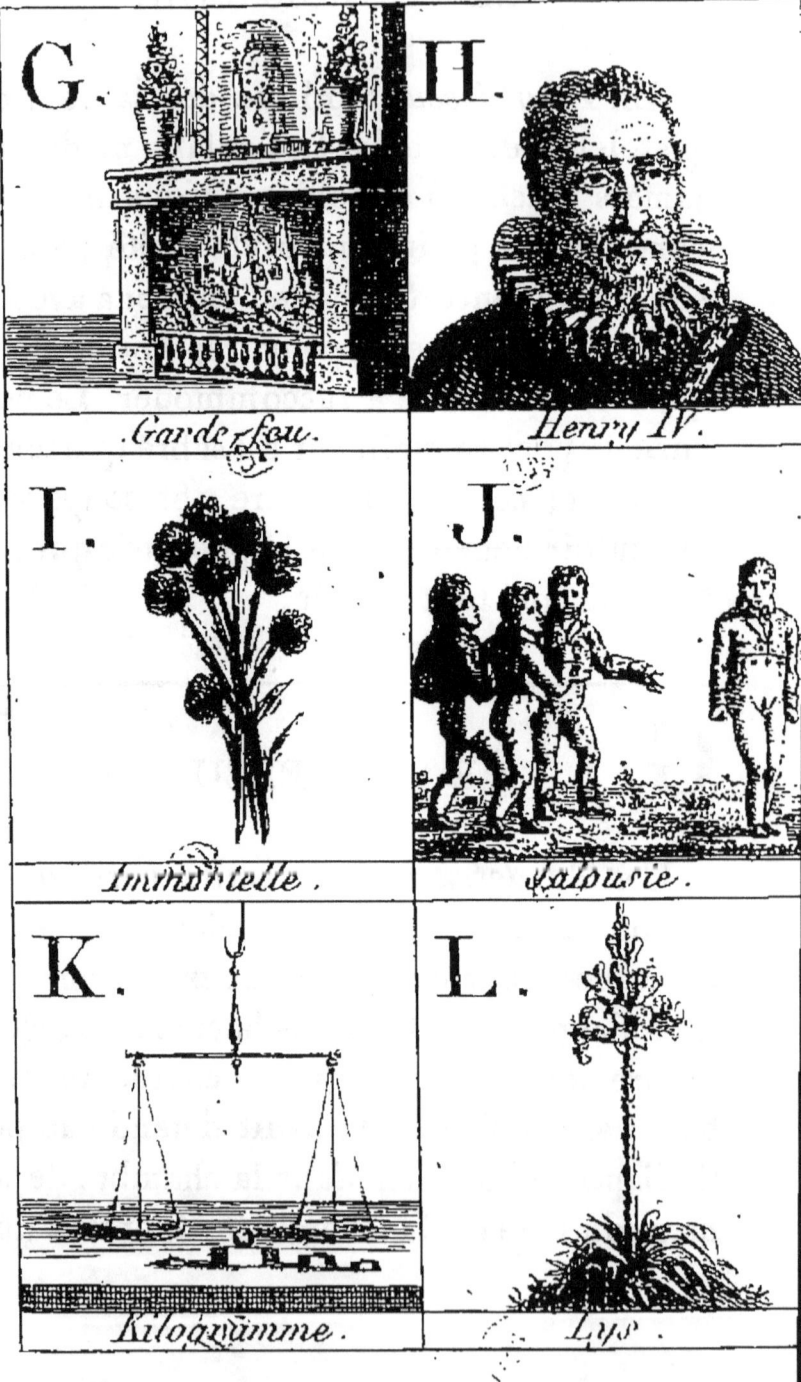

sobéissant jeta sa balle dans les cendres, voulut la ravoir, dérangea le gardefeu, tomba dans la cheminée, et se brûla un bras.

HENRI IV.

Henri IV est le premier roi de France de la branche des Bourbons. Ses rares qualités et ses hautes vertus lui ont mérité le surnom de *Grand*. Il naquit à Pau, en Bearn, le 13 décembre 1553. Dans sa jeunesse il avait été fils respectueux et soumis, bon parent, ami délicat; il devint un prince parfait, et le meilleur des rois.

L'IMMORTELLE.

Cette fleur est ainsi nommée parce qu'elle est de toutes les saisons, et que l'hiver ne lui fait pas perdre son éclat. C'est l'image du vrai mérite et de la vertu; le temps ne peut rien sur eux: Henri IV est mort depuis plus de deux cents ans, et son nom est encore aujourd'hui dans toutes les bouches.

J LA JALOUSIE.

JULIEN maigrit; il est pâle; ses yeux sont enfoncés; son air est triste, son regard sombre; il ne veut plus jouer avec ses petits camarades; il pleure quand il leur voit des joujoux qu'il n'a pas, et ne veut point partager les siens.... Oh! le vilain enfant!.... *Il est jaloux.*

K KILOGRAMME.

CES poids, ces balances que vous voyez sont les attributs du commerce. La bonne foi en est l'âme; on se défie toujours des fripons. Un jeune homme de province n'est venu à Paris qu'avec 3 f.; mais il avait une grande probité; il a commencé par vendre des joujoux d'enfant : aujourd'hui c'est un négociant dont la fortune s'élève à 200,000 f. Dans le même temps un autre s'est établi avec des avances considérables; il trompait ses acheteurs : à présent il est ruiné sans ressource.

LE LIS.

La fleur de lis est, par sa blancheur, le symbole de la candeur et de la pureté; on la compare à une âme que le vice n'a point souillée. Trois fleurs de lis composèrent les armes de France, comme pour indiquer que les Français se distinguent parmi tous les peuples par leur franchise et par leur loyauté.

MINERVE.

Jésus-Christ vint sur la terre pour racheter par sa mort les péchés des hommes; mais avant cette époque les différens peuples avaient inventé des dieux particuliers. La sagesse parut si belle aux païens, qu'ils en firent une déesse sous le nom de *Minerve*; et dès ce temps même la sagesse reçut les hommages des coupables mortels. Pour qui en effet la sagesse n'est-elle pas admirable!

N LE NARVAL.

Des animaux de toutes espèces peuplent la terre, les airs et les eaux; les uns marchent ou rampent, les autres volent ou nagent. Parmi les poissons qui habitent la mer, il en est de monstrueux; le *Narval* est de ce nombre. La graisse qu'on retire de son corps fournit une huile abondante dont on se sert pour brûler dans les lampes.

O L'OCCUPATION.

C'est un tableau fort intéressant que celui de la petite famille de madame Dumont. Au retour de l'école Henri et Auguste, Annette et Julie viennent s'asseoir auprès de leur mère; les garçons étudient leurs devoirs pour le lendemain, et les demoiselles s'apprennent à coudre ou à broder. Ces différentes *occupations* ne sont interrompues que par les paroles de contentement qu'adresse madame Dumont à ses laborieux enfans.

P LE PALMIER.

Le *Palmier* est un arbre que la Providence fait croître dans les pays chauds ; ses fruits, que l'on nomme *dattes*, rafraîchissent à la fois et nourrissent. La beauté de ses feuilles les a fait choisir pour un signe de récompense ; on dit d'un enfant qui a remporté un prix, *qu'il a obtenu la palme*.

Q QUADRILLES.

Voyez tous ces enfans rassemblés sur la pelouse, et formant des *quadrilles*. Ils ont été bien sages pendant la semaine, et aujourd'hui Dimanche on leur a permis de venir danser dans le jardin. Un seul se tient à l'écart, et paraît triste ; c'est qu'il a ce matin été désobéissant, et sa maman, pour le punir, veut qu'il soit témoin des jeux auxquels il n'a pas mérité de participer.

R — LA ROSE.

La *Rose* est la reine des fleurs; elle les surpasse toutes par la beauté de sa couleur et la délicatesse de son parfum; mais ces qualités aimables ne durent qu'un instant; après un jour de triomphe la rose cesse de plaire. C'est l'image d'un enfant qui, brillant de parure, reçoit des caresses un jour de fête; il en est privé le lendemain si l'on ne trouve en lui des qualités solides.

S — LES SINGES.

Les *Singes* forment une espèce fort nombreuse dans les pays chauds. Il existe des singes de la grandeur d'un homme; on les appelle *orang-outangs*, ou *hommes des bois*. On en voit de beaucoup plus petits, qui sont agiles, amusans, mais d'une malice dont il faut se défier. En général les singes ne sont bons à rien; comme les enfans mal élevés, ils passent leur vie à manger, à dormir, ou à faire du mal.

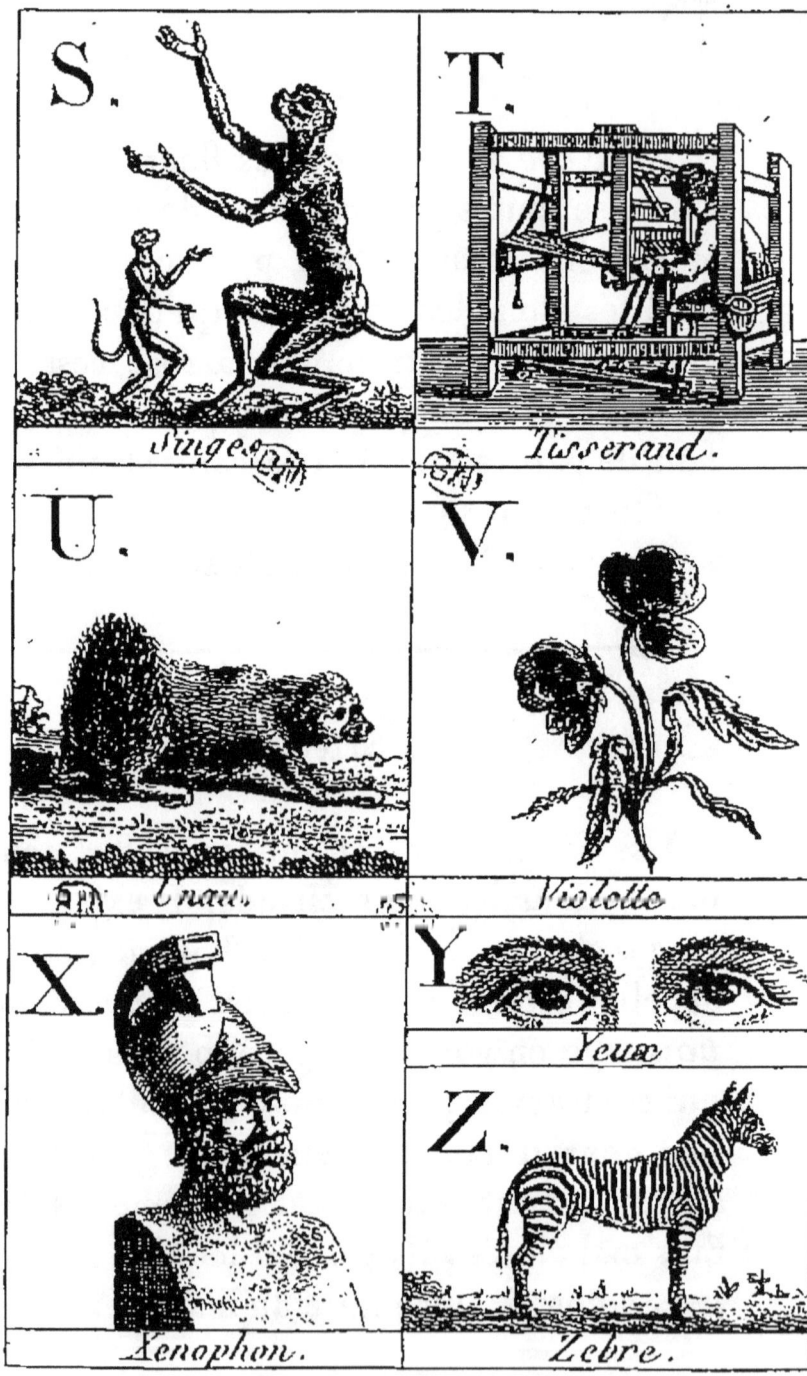

LE TISSERAND.

On sème le chenevis; le chenevis produit le chanvre; quand le chanvre est mûr on l'arrache, on le met en bottes pour le faire sécher au soleil; on en retire ensuite une filasse avec laquelle, au moyen d'une mécanique, le *Tisserand* fabrique de la toile. L'emploi de la toile vous est connu; mais vous ignoriez qu'un brin d'herbe était le principe de votre chemise.

L'UNAU.

L'*Unau* est un animal aussi lent que maladroit; il emploie un jour pour monter à un arbre, et se laisse tomber pour en descendre. On l'a surnommé le *Paresseux*, mais il a une excuse que n'ont point les enfans paresseux; sa conformation vicieuse le prive de toute facilité dans les mouvemens.

V LA VIOLETTE.

La *Violette* est l'image de la modestie ; elle se plaît dans l'ombre ; son parfum seul la fait découvrir. Imitez cette fleur ; n'allez jamais au-devant des complimens. La louange saura bien vous atteindre, si vous l'avez méritée, et vous n'aurez point la honte de l'avoir en vain provoquée.

X XÉNOPHON.

De belles actions, de grands talens assurent la gloire d'un homme, et la gloire rend immortel. *Xénophon* fut bon général et bon historien ; il a écrit ce qu'il a fait. Ce qu'il a fait a été utile à ses concitoyens, et ce qu'il a écrit instruit encore ceux qui vivent plus de deux mille ans après lui.

Y LES YEUX.

Les Yeux *sont le miroir de l'âme;* notre pensée s'y peint malgré nous. Un regard franc, doux et modeste inspire la confiance. Un coup d'œil farouche, effronté ou dissimulé, annonce un mauvais cœur.

Z LE ZÈBRE.

Le Zèbre est un âne sauvage, et, comme tous les ânes, il est indocile et têtu. (Les ignorans et les sots ressemblent aux ânes.) Du reste, le zèbre est un fort joli animal; mais il n'est bon à rien : sa peau seule a du prix; elle est rayée de noir et de jaune avec une telle symétrie, que l'on croirait que les lignes en sont mesurées au compas.

LEÇONS MORALES.

Pour plaire à Dieu, un enfant doit être bien obéissant envers ses parens, écouter avec attention les leçons qu'on lui donne, et bien apprendre à lire, afin d'être aimé de Dieu et des hommes.

— Le respect dû aux parens est le premier des devoirs d'un enfant; mais il doit aussi respecter les vieillards, et être toujours prêt à obliger ceux qui auront recours à lui.

— On doit se coucher de bonne heure pour se lever plus matin, et avant de se retirer dans sa chambre, un enfant bien né doit embrasser ses parens ou ses supérieurs, en leur souhaitant une heureuse nuit accompagnée d'un bon sommeil. Il ne doit point se mettre au lit sans avoir adoré Dieu, et lui avoir donné son cœur en reconnaissance des bienfaits qu'il a reçus de lui pendant la journée. Il doit mettre autant de décence pour ôter ses habits que pour les prendre.

FIN.

www.ingramcontent.com/pod-product-compliance
Lightning Source LLC
Chambersburg PA
CBHW060952050426
42453CB00009B/1157